MONEY, MONEY, MONEY
WHERE MY CASH FOOL?

"Bitch betta have my Money, Rain, Sleet or Snow...
Bitch betta have my cash, or I'ma put my foot straight up they Ass!"

WHO OWE ME MONEY?	HOW MUCH?	WHEN?	WERK ASS EXCUSES?			NOTES
O:_____	O:_____	S:_____	☐Died ☐Bid ☐Broke			☐Workable
N:_____	B:_____	E:_____	☐5150 ☐Fiend ☐Punk			☐Issues...
P:_____						

I0487916

PAYMENTS RECEIVED

AMOUNT	DATE	BALANCE	NOTES
_____	_____	_____	_____
_____	_____	_____	_____
_____	_____	_____	_____
_____	_____	_____	_____
_____	_____	_____	_____
_____	_____	_____	_____
_____	_____	_____	_____
_____	_____	_____	_____

"Life is full of hardships, pimp slaps and Sorrow..."

WHO OWE ME MONEY?	HOW MUCH?	WHEN?	WERK ASS EXCUSES?			NOTES
O:_____	O:_____	S:_____	☐Died ☐Bid ☐Broke			☐Workable
N:_____	B:_____	E:_____	☐5150 ☐Fiend ☐Punk			☐Issues...
P:_____						

PAYMENTS RECEIVED

AMOUNT	DATE	BALANCE	NOTES
_____	_____	_____	_____
_____	_____	_____	_____
_____	_____	_____	_____
_____	_____	_____	_____
_____	_____	_____	_____
_____	_____	_____	_____
_____	_____	_____	_____
_____	_____	_____	_____

"You have to appreciate the Real ones... Cause there ain't to many of those left"

MONEY, MONEY, MONEY
WHERE MY CASH FOOL?

"Bitch betta have my Money, Rain, Sleet or Snow...
Bitch betta have my cash, or I'ma put my foot straight up they Ass!"

WHO OWE ME MONEY?	HOW MUCH?	WHEN?	WERK ASS EXCUSES?	NOTES
O:_____	O:_____	S:_____	☐Died ☐Bid ☐Broke	☐Workable
N:_____	B:_____	E:_____	☐5150 ☐Fiend ☐Punk	☐Issues...
?:_____				
_____				
_____				

PAYMENTS RECEIVED

AMOUNT	DATE	BALANCE	NOTES
_____	_____	_____	_____
_____	_____	_____	_____
_____	_____	_____	_____
_____	_____	_____	_____
_____	_____	_____	_____
_____	_____	_____	_____
_____	_____	_____	_____
_____	_____	_____	_____
_____	_____	_____	_____
_____	_____	_____	_____

"Silence" is the best way to let someone know the Fucked Up...

WHO OWE ME MONEY?	HOW MUCH?	WHEN?	WERK ASS EXCUSES?	NOTES
O:_____	O:_____	S:_____	☐Died ☐Bid ☐Broke	☐Workable
N:_____	B:_____	E:_____	☐5150 ☐Fiend ☐Punk	☐Issues...
?:_____				
_____				
_____				

PAYMENTS RECEIVED

AMOUNT	DATE	BALANCE	NOTES
_____	_____	_____	_____
_____	_____	_____	_____
_____	_____	_____	_____
_____	_____	_____	_____
_____	_____	_____	_____
_____	_____	_____	_____
_____	_____	_____	_____
_____	_____	_____	_____
_____	_____	_____	_____

"Rumors don't scare me... I know what I be doing.."

MONEY, MONEY, MONEY
WHERE MY CASH FOOL?

"Bitch betta have my Money, Rain, Sleet or Snow...
Bitch betta have my cash, or I'ma put my foot straight up they Ass!"

Sup fuckers! What you got your hands on is gonna make your collections a lot easier. When you have to keep track of all your muthafucking accounts sometimes it'll stress you the fuck out. This bitch right here is light and portable as a mutha fucka.

Who's this for? Pimps, hustlas, gangsta-ass business peeps. Selling cars, DVDs, and anything else can be dealt with here. If you gots high-ticket items with payment plans you can track if the buyer is a straight bustah or legit.

Never ever leave money on the table... Get yours homeboy!

Keep yo shit legit and don't get caught slippin'... We all paper-chasing so the goal is to stack chips all legal and shit. Not trying ta tell no one how to do business. At the very least if you gonna do some dirt, don't turn this bitch into state-evidence, feel me?

Also, try not to loose this bitch. Cause that would fucking suck.

If this totaly legitimate business workbook is found by someone, please be a fucking saint and return to:

_____   _____
Name (U can put alias if u want)   Phone Number

_____
E-Mail adress. We fucking high-tech right?!

OK mang, I'm out! Best of luck and I hope you can avoid Trick-ass marks!

Peace,

M.A.K. Daddy

MONEY, MONEY, MONEY
WHERE MY CASH FOOL?

"Bitch betta have my Money, Rain, Sleet or Snow...
Bitch betta have my cash, or I'ma put my foot straight up they Ass!

WHO OWE ME MONEY?	HOW MUCH?	WHEN?	WEAK ASS EXCUSES?	NOTES
O: Pookie	O: $1,208	S: Dec 1st	☐Died ☐Bid ☒Broke	☒Workab
N:	B:	E:	☐5150 ☐Fiend ☐Punk	☐Issues..

?: mutha fucka got a dope ass whip and put down $200... he still owed me and w
gonna pay me $300 each month. Then the fucker lost his job... boo-fuckin'
hoo. Pay me fucker or give back the whip. He got an extra week...

PAYMENTS RECEIVED

AMOUNT	DATE	BALANCE	NOTES
$200	11/01/19	$1,208	The $8 is for dumbass fee. Bitch owes me a sandwich..

"Life is full of hardships, pimp slaps and Sorrow..."

WHO OWE ME MONEY?	HOW MUCH?	WHEN?	WEAK ASS EXCUSES?	NOTES
O: ~~Josh Jones~~	O: $5,000	S:01/01/18	☐Died ☒Bid ☐Broke	☒Workab
N: Mary Jones	B: $2,100	E:01/01/20	☐5150 ☐Fiend ☐Punk	☐Issues.

?:sold this cat a clean SUV and he was reliable as amutha fucka.... Then he caug
a case movin' weight. Got caught up and now busting a 10-year bid. His ol' lac
Mary still needs the ride. I dropped the monthly since they been paying goo

PAYMENTS RECEIVED

AMOUNT	DATE	BALANCE	NOTES
$1,000	01/0/19	$4,000	
$500	02/01/19	$3,500	
$500	03/01/19	$3,000	
$500	04/01/19	$2,500	home slice caught a bid... FUCK!
$200	05/01/19	$2,300	His wife is col as fuck. I dropped monthly to $200
$200	06/01/19	$2,100	

"You have to appreciate the Real ones... Cause there ain't to many of those left

MONEY, MONEY, MONEY
WHERE MY CASH FOOL?

"Bitch betta have my Money, Rain, Sleet or Snow...
Bitch betta have my cash, or I'ma put my foot straight up they Ass!"

WHO OWE ME MONEY?	HOW MUCH?	WHEN?	WERK ASS EXCUSES?	NOTES
O:_____ N:_____	O:_____ B:_____	S:_____ E:_____	☐Died ☐Bid ☐Broke ☐5150 ☐Fiend ☐Punk	☐Workable ☐Issues...

P:_____
_____
_____

PAYMENTS RECEIVED

AMOUNT	DATE	BALANCE	NOTES
_____	_____	_____	_____
_____	_____	_____	_____
_____	_____	_____	_____
_____	_____	_____	_____
_____	_____	_____	_____
_____	_____	_____	_____
_____	_____	_____	_____
_____	_____	_____	_____
_____	_____	_____	_____
_____	_____	_____	_____

"Stay real, and watch all the fake fuckers fall off..."

WHO OWE ME MONEY?	HOW MUCH?	WHEN?	WERK ASS EXCUSES?	NOTES
O:_____ N:_____	O:_____ B:_____	S:_____ E:_____	☐Died ☐Bid ☐Broke ☐5150 ☐Fiend ☐Punk	☐Workable ☐Issues...

P:_____
_____
_____

PAYMENTS RECEIVED

AMOUNT	DATE	BALANCE	NOTES
_____	_____	_____	_____
_____	_____	_____	_____
_____	_____	_____	_____
_____	_____	_____	_____
_____	_____	_____	_____
_____	_____	_____	_____
_____	_____	_____	_____
_____	_____	_____	_____
_____	_____	_____	_____

"My body wants more sleep, but my pockets want more money!"

MONEY, MONEY, MONEY
WHERE MY CASH FOOL?

"Bitch betta have my Money, Rain, Sleet or Snow...
Bitch betta have my cash, or I'ma put my foot straight up they Ass!"

WHO OWE ME MONEY?	HOW MUCH?	WHEN?	WERK ASS EXCUSES?	NOTES
O:_____	O:_____	S:_____	☐Died ☐Bid ☐Broke	☐Workable
N:_____	B:_____	E:_____	☐5150 ☐Fiend ☐Punk	☐Issues...
?:_____				

PAYMENTS RECEIVED

AMOUNT	DATE	BALANCE	NOTES
_____	_____	_____	_____
_____	_____	_____	_____
_____	_____	_____	_____
_____	_____	_____	_____
_____	_____	_____	_____
_____	_____	_____	_____
_____	_____	_____	_____
_____	_____	_____	_____
_____	_____	_____	_____
_____	_____	_____	_____

"The money is already printed, you just gotta go get it..."

WHO OWE ME MONEY?	HOW MUCH?	WHEN?	WERK ASS EXCUSES?	NOTES
O:_____	O:_____	S:_____	☐Died ☐Bid ☐Broke	☐Workable
N:_____	B:_____	E:_____	☐5150 ☐Fiend ☐Punk	☐Issues...
?:_____				

PAYMENTS RECEIVED

AMOUNT	DATE	BALANCE	NOTES
_____	_____	_____	_____
_____	_____	_____	_____
_____	_____	_____	_____
_____	_____	_____	_____
_____	_____	_____	_____
_____	_____	_____	_____
_____	_____	_____	_____
_____	_____	_____	_____
_____	_____	_____	_____
_____	_____	_____	_____

"Good things come to those who hustle!"

MONEY, MONEY, MONEY WHERE MY CASH FOOL?

"Bitch betta have my Money, Rain, Sleet or Snow...
Bitch betta have my cash, or I'ma put my foot straight up they Ass!"

HO OWE ME MONEY?	HOW MUCH?	WHEN?	WEAK ASS EXCUSES?	NOTES
_____	O:_____	S:_____	☐Died ☐Bid ☐Broke	☐Workable
_____	B:_____	E:_____	☐5150 ☐Fiend ☐Punk	☐Issues...

_____
_____
_____

YMENTS RECEIVED

OUNT	DATE	BALANCE	NOTES
___	___	___	_____
___	___	___	_____
___	___	___	_____
___	___	___	_____
___	___	___	_____
___	___	___	_____
___	___	___	_____
___	___	___	_____
___	___	___	_____
___	___	___	_____

"People don't change... They just reveal who the fuck they really are..."

HO OWE ME MONEY?	HOW MUCH?	WHEN?	WEAK ASS EXCUSES?	NOTES
_____	O:_____	S:_____	☐Died ☐Bid ☐Broke	☐Workable
_____	B:_____	E:_____	☐5150 ☐Fiend ☐Punk	☐Issues...

_____
_____
_____

YMENTS RECEIVED

OUNT	DATE	BALANCE	NOTES
___	___	___	_____
___	___	___	_____
___	___	___	_____
___	___	___	_____
___	___	___	_____
___	___	___	_____
___	___	___	_____
___	___	___	_____
___	___	___	_____
___	___	___	_____

"I focus more on money than people, cause I never met a dollar I didn't like!"

MONEY, MONEY, MONEY
WHERE MY CASH FOOL?

"Bitch betta have my Money, Rain, Sleet or Snow...
Bitch betta have my cash, or I'ma put my foot straight up they Ass!

WHO OWE ME MONEY?	HOW MUCH?	WHEN?	WEAK ASS EXCUSES?	NOTES
O:_____	O:_____	S:_____	☐Died ☐Bid ☐Broke	☐Workab
N:_____	B:_____	E:_____	☐5150 ☐Fiend ☐Punk	☐Issues.

?:_____
_____
_____

PAYMENTS RECEIVED

AMOUNT	DATE	BALANCE	NOTES
_____	_____	_____	_____
_____	_____	_____	_____
_____	_____	_____	_____
_____	_____	_____	_____
_____	_____	_____	_____
_____	_____	_____	_____
_____	_____	_____	_____
_____	_____	_____	_____
_____	_____	_____	_____
_____	_____	_____	_____

"Money knows no friendship..."

WHO OWE ME MONEY?	HOW MUCH?	WHEN?	WEAK ASS EXCUSES?	NOTES
O:_____	O:_____	S:_____	☐Died ☐Bid ☐Broke	☐Workab
N:_____	B:_____	E:_____	☐5150 ☐Fiend ☐Punk	☐Issues.

?:_____
_____
_____

PAYMENTS RECEIVED

AMOUNT	DATE	BALANCE	NOTES
_____	_____	_____	_____
_____	_____	_____	_____
_____	_____	_____	_____
_____	_____	_____	_____
_____	_____	_____	_____
_____	_____	_____	_____
_____	_____	_____	_____
_____	_____	_____	_____
_____	_____	_____	_____
_____	_____	_____	_____

"I love listening to lies when I know the truth..."

MONEY, MONEY, MONEY
WHERE MY CASH FOOL?

"Bitch betta have my Money, Rain, Sleet or Snow...
Bitch betta have my cash, or I'ma put my foot straight up they Ass!"

WHO OWE ME MONEY?	HOW MUCH?	WHEN?	WERK ASS EXCUSES?	NOTES
O:_____	O:_____	S:_____	☐Died ☐Bid ☐Broke	☐Workable
N:_____	B:_____	E:_____	☐5150 ☐Fiend ☐Punk	☐Issues...
P:_____				

PAYMENTS RECEIVED

AMOUNT	DATE	BALANCE	NOTES

"The more you slack, the less you stack..."

WHO OWE ME MONEY?	HOW MUCH?	WHEN?	WERK ASS EXCUSES?	NOTES
O:_____	O:_____	S:_____	☐Died ☐Bid ☐Broke	☐Workable
N:_____	B:_____	E:_____	☐5150 ☐Fiend ☐Punk	☐Issues...
P:_____				

PAYMENTS RECEIVED

AMOUNT	DATE	BALANCE	NOTES

"Success in never owned, it's rented. And the rent's due everyday!"

MONEY, MONEY, MONEY
WHERE MY CASH FOOL?

"Bitch betta have my Money, Rain, Sleet or Snow...
Bitch betta have my cash, or I'ma put my foot straight up they Ass!"

WHO OWE ME MONEY?	HOW MUCH?	WHEN?	WERK ASS EXCUSES?	NOTES
O:_____	O:_____	S:_____	☐Died ☐Bid ☐Broke	☐Workable
N:_____	B:_____	E:_____	☐5150 ☐Fiend ☐Punk	☐Issues...
P:_____				

_____
_____

PAYMENTS RECEIVED

AMOUNT	DATE	BALANCE	NOTES
_____	_____	_____	_____
_____	_____	_____	_____
_____	_____	_____	_____
_____	_____	_____	_____
_____	_____	_____	_____
_____	_____	_____	_____
_____	_____	_____	_____
_____	_____	_____	_____
_____	_____	_____	_____
_____	_____	_____	_____

"If you do what you've always done, you'll get what you've always gotten..."

WHO OWE ME MONEY?	HOW MUCH?	WHEN?	WERK ASS EXCUSES?	NOTES
O:_____	O:_____	S:_____	☐Died ☐Bid ☐Broke	☐Workable
N:_____	B:_____	E:_____	☐5150 ☐Fiend ☐Punk	☐Issues...
P:_____				

_____
_____

PAYMENTS RECEIVED

AMOUNT	DATE	BALANCE	NOTES
_____	_____	_____	_____
_____	_____	_____	_____
_____	_____	_____	_____
_____	_____	_____	_____
_____	_____	_____	_____
_____	_____	_____	_____
_____	_____	_____	_____
_____	_____	_____	_____
_____	_____	_____	_____
_____	_____	_____	_____

"Hustle beats talent, when talent ain't got hustle..."

MONEY, MONEY, MONEY
WHERE MY CASH FOOL?

"Bitch betta have my Money, Rain, Sleet or Snow...
Bitch betta have my cash, or I'ma put my foot straight up they Ass!"

WHO OWE ME MONEY?	HOW MUCH?	WHEN?	WERK ASS EXCUSES?	NOTES
O:_____	O:_____	S:_____	☐Died ☐Bid ☐Broke	☐Workable
N:_____	B:_____	E:_____	☐5150 ☐Fiend ☐Punk	☐Issues...
P:_____				

PAYMENTS RECEIVED

AMOUNT	DATE	BALANCE	NOTES
_____	_____	_____	_____
_____	_____	_____	_____
_____	_____	_____	_____
_____	_____	_____	_____
_____	_____	_____	_____
_____	_____	_____	_____
_____	_____	_____	_____
_____	_____	_____	_____

"I be married to the game..."

WHO OWE ME MONEY?	HOW MUCH?	WHEN?	WERK ASS EXCUSES?	NOTES
O:_____	O:_____	S:_____	☐Died ☐Bid ☐Broke	☐Workable
N:_____	B:_____	E:_____	☐5150 ☐Fiend ☐Punk	☐Issues...
P:_____				

PAYMENTS RECEIVED

AMOUNT	DATE	BALANCE	NOTES
_____	_____	_____	_____
_____	_____	_____	_____
_____	_____	_____	_____
_____	_____	_____	_____
_____	_____	_____	_____
_____	_____	_____	_____
_____	_____	_____	_____
_____	_____	_____	_____

"Today I do what others won't, so tomorow I can do what others can't..."

MONEY, MONEY, MONEY
WHERE MY CASH FOOL?

"Bitch betta have my Money, Rain, Sleet or Snow...
Bitch betta have my cash, or I'ma put my foot straight up they Ass!"

WHO OWE ME MONEY?	HOW MUCH?	WHEN?	WERK ASS EXCUSES?	NOTES
O:_____	O:_____	S:_____	☐Died ☐Bid ☐Broke ☐5150 ☐Fiend ☐Punk	☐Workable ☐Issues...
N:_____	B:_____	E:_____		

?:_____
_____
_____

PAYMENTS RECEIVED

AMOUNT	DATE	BALANCE	NOTES
_____	_____	_____	_____
_____	_____	_____	_____
_____	_____	_____	_____
_____	_____	_____	_____
_____	_____	_____	_____
_____	_____	_____	_____
_____	_____	_____	_____
_____	_____	_____	_____
_____	_____	_____	_____

"Rule #1: Fuck what they think!"

WHO OWE ME MONEY?	HOW MUCH?	WHEN?	WERK ASS EXCUSES?	NOTES
O:_____	O:_____	S:_____	☐Died ☐Bid ☐Broke ☐5150 ☐Fiend ☐Punk	☐Workable ☐Issues...
N:_____	B:_____	E:_____		

?:_____
_____
_____

PAYMENTS RECEIVED

AMOUNT	DATE	BALANCE	NOTES
_____	_____	_____	_____
_____	_____	_____	_____
_____	_____	_____	_____
_____	_____	_____	_____
_____	_____	_____	_____
_____	_____	_____	_____
_____	_____	_____	_____
_____	_____	_____	_____
_____	_____	_____	_____

"My time, family, respect and Money are Not to be fucked with!"

MONEY, MONEY, MONEY WHERE MY CASH FOOL?

"Bitch betta have my Money, Rain, Sleet or Snow...
Bitch betta have my cash, or I'ma put my foot straight up they Ass!"

WHO OWE ME MONEY?	HOW MUCH?	WHEN?	WERK ASS EXCUSES?	NOTES
_____	O: _____ B: _____	S: _____ E: _____	☐ Died ☐ Bid ☐ Broke ☐ 5150 ☐ Fiend ☐ Punk	☐ Workable ☐ Issues...

PAYMENTS RECEIVED

AMOUNT	DATE	BALANCE	NOTES
_____	_____	_____	_____
_____	_____	_____	_____
_____	_____	_____	_____
_____	_____	_____	_____
_____	_____	_____	_____
_____	_____	_____	_____
_____	_____	_____	_____
_____	_____	_____	_____

"From the bottom of my heart... I don't give a fuck. Where my money?!"

WHO OWE ME MONEY?	HOW MUCH?	WHEN?	WERK ASS EXCUSES?	NOTES
_____	O: _____ B: _____	S: _____ E: _____	☐ Died ☐ Bid ☐ Broke ☐ 5150 ☐ Fiend ☐ Punk	☐ Workable ☐ Issues...

PAYMENTS RECEIVED

AMOUNT	DATE	BALANCE	NOTES
_____	_____	_____	_____
_____	_____	_____	_____
_____	_____	_____	_____
_____	_____	_____	_____
_____	_____	_____	_____
_____	_____	_____	_____
_____	_____	_____	_____
_____	_____	_____	_____

"Quick to borrow is always slow to pay..."

MONEY, MONEY, MONEY
WHERE MY CASH FOOL?

"Bitch betta have my Money, Rain, Sleet or Snow...
Bitch betta have my cash, or I'ma put my foot straight up they Ass!

WHO OWE ME MONEY?	HOW MUCH?	WHEN?	WEAK ASS EXCUSES?	NOTES
O:_____	O:_____	S:_____	☐Died ☐Bid ☐Broke	☐Workab
N:_____	B:_____	E:_____	☐5150 ☐Fiend ☐Punk	☐Issues.
P:_____				

PAYMENTS RECEIVED

AMOUNT	DATE	BALANCE	NOTES

"From the bottom of my heart... I don't give a fuck. Where my money?!"

WHO OWE ME MONEY?	HOW MUCH?	WHEN?	WEAK ASS EXCUSES?	NOTES
O:_____	O:_____	S:_____	☐Died ☐Bid ☐Broke	☐Workab
N:_____	B:_____	E:_____	☐5150 ☐Fiend ☐Punk	☐Issues.
P:_____				

PAYMENTS RECEIVED

AMOUNT	DATE	BALANCE	NOTES

"Excuses are lies we tell, so it doesn't have to be our fault..."

MONEY, MONEY, MONEY
WHERE MY CASH FOOL?

"Bitch betta have my Money, Rain, Sleet or Snow...
Bitch betta have my cash, or I'ma put my foot straight up they Ass!"

WHO OWE ME MONEY?	HOW MUCH?	WHEN?	WERK ASS EXCUSES?	NOTES
O:_____	O:_____	S:_____	☐Died ☐Bid ☐Broke ☐5150 ☐Fiend ☐Punk	☐Workable ☐Issues...
N:_____	B:_____	E:_____		
2:_____				

PAYMENTS RECEIVED

AMOUNT	DATE	BALANCE	NOTES
_____	_____	_____	_____
_____	_____	_____	_____
_____	_____	_____	_____
_____	_____	_____	_____
_____	_____	_____	_____
_____	_____	_____	_____
_____	_____	_____	_____
_____	_____	_____	_____
_____	_____	_____	_____
_____	_____	_____	_____

"The thing is this... Your excuses don't pay My bills..."

WHO OWE ME MONEY?	HOW MUCH?	WHEN?	WERK ASS EXCUSES?	NOTES
O:_____	O:_____	S:_____	☐Died ☐Bid ☐Broke ☐5150 ☐Fiend ☐Punk	☐Workable ☐Issues...
N:_____	B:_____	E:_____		
2:_____				

PAYMENTS RECEIVED

AMOUNT	DATE	BALANCE	NOTES
_____	_____	_____	_____
_____	_____	_____	_____
_____	_____	_____	_____
_____	_____	_____	_____
_____	_____	_____	_____
_____	_____	_____	_____
_____	_____	_____	_____
_____	_____	_____	_____
_____	_____	_____	_____
_____	_____	_____	_____

"You miss 10% of the shots you don't take..."

MONEY, MONEY, MONEY
WHERE MY CASH FOOL?

"Bitch betta have my Money, Rain, Sleet or Snow...
Bitch betta have my cash, or I'ma put my foot straight up they Ass!"

WHO OWE ME MONEY?	HOW MUCH?	WHEN?	WERK ASS EXCUSES?	NOTES
O:_____	O:_____	S:_____	☐Died ☐Bid ☐Broke	☐Workable
N:_____	B:_____	E:_____	☐5150 ☐Fiend ☐Punk	☐Issues...

P:_____
_____
_____

PAYMENTS RECEIVED

AMOUNT	DATE	BALANCE	NOTES
_____	_____	_____	_____
_____	_____	_____	_____
_____	_____	_____	_____
_____	_____	_____	_____
_____	_____	_____	_____
_____	_____	_____	_____
_____	_____	_____	_____
_____	_____	_____	_____
_____	_____	_____	_____
_____	_____	_____	_____

"I do the shit that's right... I don't have to do the shit that's Nice..."

WHO OWE ME MONEY?	HOW MUCH?	WHEN?	WERK ASS EXCUSES?	NOTES
O:_____	O:_____	S:_____	☐Died ☐Bid ☐Broke	☐Workable
N:_____	B:_____	E:_____	☐5150 ☐Fiend ☐Punk	☐Issues...

P:_____
_____
_____

PAYMENTS RECEIVED

AMOUNT	DATE	BALANCE	NOTES
_____	_____	_____	_____
_____	_____	_____	_____
_____	_____	_____	_____
_____	_____	_____	_____
_____	_____	_____	_____
_____	_____	_____	_____
_____	_____	_____	_____
_____	_____	_____	_____
_____	_____	_____	_____
_____	_____	_____	_____

"I love it when people pay their fucking bills! Then I can be a nice guy."

MONEY, MONEY, MONEY
WHERE MY CASH FOOL?

"Bitch betta have my Money, Rain, Sleet or Snow...
Bitch betta have my cash, or I'ma put my foot straight up they Ass!"

WHO OWE ME MONEY?	HOW MUCH?	WHEN?	WERK ASS EXCUSES?	NOTES
O:_____	O:_____	S:_____	☐Died ☐Bid ☐Broke	☐Workable
N:_____	B:_____	E:_____	☐5150 ☐Fiend ☐Punk	☐Issues...
P:_____				

PAYMENTS RECEIVED

AMOUNT	DATE	BALANCE	NOTES

"How bout this... Fuck you, Pay me!"

WHO OWE ME MONEY?	HOW MUCH?	WHEN?	WERK ASS EXCUSES?	NOTES
O:_____	O:_____	S:_____	☐Died ☐Bid ☐Broke	☐Workable
N:_____	B:_____	E:_____	☐5150 ☐Fiend ☐Punk	☐Issues...
P:_____				

PAYMENTS RECEIVED

AMOUNT	DATE	BALANCE	NOTES

"I will solve your problems and you will pay me..."

MONEY, MONEY, MONEY
WHERE MY CASH FOOL?

"Bitch betta have my Money, Rain, Sleet or Snow...
Bitch betta have my cash, or I'ma put my foot straight up they Ass!"

WHO OWE ME MONEY?	HOW MUCH?	WHEN?	WERK ASS EXCUSES?	NOTES
O:_____	O:_____	S:_____	☐Died ☐Bid ☐Broke	☐Workable
N:_____	B:_____	E:_____	☐5150 ☐Fiend ☐Punk	☐Issues...

P:_____
_____
_____

PAYMENTS RECEIVED

AMOUNT	DATE	BALANCE	NOTES
_____	_____	_____	_____
_____	_____	_____	_____
_____	_____	_____	_____
_____	_____	_____	_____
_____	_____	_____	_____
_____	_____	_____	_____
_____	_____	_____	_____
_____	_____	_____	_____
_____	_____	_____	_____

"Without Passion, you're already dead."

WHO OWE ME MONEY?	HOW MUCH?	WHEN?	WERK ASS EXCUSES?	NOTES
O:_____	O:_____	S:_____	☐Died ☐Bid ☐Broke	☐Workable
N:_____	B:_____	E:_____	☐5150 ☐Fiend ☐Punk	☐Issues...

P:_____
_____
_____

PAYMENTS RECEIVED

AMOUNT	DATE	BALANCE	NOTES
_____	_____	_____	_____
_____	_____	_____	_____
_____	_____	_____	_____
_____	_____	_____	_____
_____	_____	_____	_____
_____	_____	_____	_____
_____	_____	_____	_____
_____	_____	_____	_____
_____	_____	_____	_____

"Be careful who you call your friends... I'd rather have four quarters than 100 Pennies.."

MONEY, MONEY, MONEY
WHERE MY CASH FOOL?

"Bitch betta have my Money, Rain, Sleet or Snow...
Bitch betta have my cash, or I'ma put my foot straight up they Ass!"

WHO OWE ME MONEY?	HOW MUCH?	WHEN?	WEAK ASS EXCUSES?	NOTES
_____	D:_____ B:_____	S:_____ E:_____	☐Died ☐Bid ☐Broke ☐5150 ☐Fiend ☐Punk	☐Workable ☐Issues...

PAYMENTS RECEIVED

AMOUNT	DATE	BALANCE	NOTES

"The dream is free, the hustle is sold separately..."

WHO OWE ME MONEY?	HOW MUCH?	WHEN?	WEAK ASS EXCUSES?	NOTES
_____	D:_____ B:_____	S:_____ E:_____	☐Died ☐Bid ☐Broke ☐5150 ☐Fiend ☐Punk	☐Workable ☐Issues...

PAYMENTS RECEIVED

AMOUNT	DATE	BALANCE	NOTES

"I am deliberate and afraid of nothing..."

MONEY, MONEY, MONEY
WHERE MY CASH FOOL?

"Bitch betta have my Money, Rain, Sleet or Snow...
Bitch betta have my cash, or I'ma put my foot straight up they Ass!

WHO OWE ME MONEY?	HOW MUCH?	WHEN?	WERK ASS EXCUSES?	NOTES
O:_____	O:_____	S:_____	☐Died ☐Bid ☐Broke	☐Workab
N:_____	B:_____	E:_____	☐5150 ☐Fiend ☐Punk	☐Issues.
?:_____				

PAYMENTS RECEIVED

AMOUNT	DATE	BALANCE	NOTES
_____	_____	_____	_____
_____	_____	_____	_____
_____	_____	_____	_____
_____	_____	_____	_____
_____	_____	_____	_____
_____	_____	_____	_____
_____	_____	_____	_____
_____	_____	_____	_____
_____	_____	_____	_____
_____	_____	_____	_____

"Hustle until you no longer need to introduce yourself..."

WHO OWE ME MONEY?	HOW MUCH?	WHEN?	WERK ASS EXCUSES?	NOTES
O:_____	O:_____	S:_____	☐Died ☐Bid ☐Broke	☐Workab
N:_____	B:_____	E:_____	☐5150 ☐Fiend ☐Punk	☐Issues.
?:_____				

PAYMENTS RECEIVED

AMOUNT	DATE	BALANCE	NOTES
_____	_____	_____	_____
_____	_____	_____	_____
_____	_____	_____	_____
_____	_____	_____	_____
_____	_____	_____	_____
_____	_____	_____	_____
_____	_____	_____	_____
_____	_____	_____	_____
_____	_____	_____	_____
_____	_____	_____	_____

"You can't have a million-dollar dream with a minimum-wage work ethic."

MONEY, MONEY, MONEY
WHERE MY CASH FOOL?

"Bitch betta have my Money, Rain, Sleet or Snow...
Bitch betta have my cash, or I'ma put my foot straight up they Ass!"

WHO OWE ME MONEY?	HOW MUCH?	WHEN?	WEAK ASS EXCUSES?	NOTES
O:_____	O:_____	S:_____	☐Died ☐Bid ☐Broke	☐Workable
N:_____	B:_____	E:_____	☐5150 ☐Fiend ☐Punk	☐Issues...
?:_____				

PAYMENTS RECEIVED

AMOUNT	DATE	BALANCE	NOTES

"The more you learn, the more you earn...."

WHO OWE ME MONEY?	HOW MUCH?	WHEN?	WEAK ASS EXCUSES?	NOTES
O:_____	O:_____	S:_____	☐Died ☐Bid ☐Broke	☐Workable
N:_____	B:_____	E:_____	☐5150 ☐Fiend ☐Punk	☐Issues...
?:_____				

PAYMENTS RECEIVED

AMOUNT	DATE	BALANCE	NOTES

"If you don't value your time, neither will others. Stop giving away your time and talents."

MONEY, MONEY, MONEY
WHERE MY CASH FOOL?

"Bitch betta have my Money, Rain, Sleet or Snow...
Bitch betta have my cash, or I'ma put my foot straight up they Ass!"

WHO OWE ME MONEY?	HOW MUCH?	WHEN?	WERK ASS EXCUSES?	NOTES
O:_____	O:_____	S:_____	☐Died ☐Bid ☐Broke	☐Workable
N:_____	B:_____	E:_____	☐5150 ☐Fiend ☐Punk	☐Issues...

P:_____
_____
_____

PAYMENTS RECEIVED

AMOUNT	DATE	BALANCE	NOTES
_____	_____	_____	_____
_____	_____	_____	_____
_____	_____	_____	_____
_____	_____	_____	_____
_____	_____	_____	_____
_____	_____	_____	_____
_____	_____	_____	_____
_____	_____	_____	_____
_____	_____	_____	_____
_____	_____	_____	_____

"I'd rather hustle 24/7 than slave away 9-to-5."

WHO OWE ME MONEY?	HOW MUCH?	WHEN?	WERK ASS EXCUSES?	NOTES
O:_____	O:_____	S:_____	☐Died ☐Bid ☐Broke	☐Workable
N:_____	B:_____	E:_____	☐5150 ☐Fiend ☐Punk	☐Issues...

P:_____
_____
_____

PAYMENTS RECEIVED

AMOUNT	DATE	BALANCE	NOTES
_____	_____	_____	_____
_____	_____	_____	_____
_____	_____	_____	_____
_____	_____	_____	_____
_____	_____	_____	_____
_____	_____	_____	_____
_____	_____	_____	_____
_____	_____	_____	_____
_____	_____	_____	_____

"Invest in your dreams. Grind now. Shine later."

MONEY, MONEY, MONEY
WHERE MY CASH FOOL?

"Bitch betta have my Money, Rain, Sleet or Snow...
Bitch betta have my cash, or I'ma put my foot straight up they Ass!"

WHO OWE ME MONEY?	HOW MUCH?	WHEN?	WERK ASS EXCUSES?	NOTES
O:_____	O:_____	S:_____	☐Died ☐Bid ☐Broke	☐Workable
N:_____	B:_____	E:_____	☐5150 ☐Fiend ☐Punk	☐Issues...
P:_____				

_____
_____
_____

PAYMENTS RECEIVED

AMOUNT	DATE	BALANCE	NOTES
_____	_____	_____	_____
_____	_____	_____	_____
_____	_____	_____	_____
_____	_____	_____	_____
_____	_____	_____	_____
_____	_____	_____	_____
_____	_____	_____	_____
_____	_____	_____	_____
_____	_____	_____	_____

"I've got a dream that's worth more than my sleep.."

WHO OWE ME MONEY?	HOW MUCH?	WHEN?	WERK ASS EXCUSES?	NOTES
O:_____	O:_____	S:_____	☐Died ☐Bid ☐Broke	☐Workable
N:_____	B:_____	E:_____	☐5150 ☐Fiend ☐Punk	☐Issues...
P:_____				

_____
_____
_____

PAYMENTS RECEIVED

AMOUNT	DATE	BALANCE	NOTES
_____	_____	_____	_____
_____	_____	_____	_____
_____	_____	_____	_____
_____	_____	_____	_____
_____	_____	_____	_____
_____	_____	_____	_____
_____	_____	_____	_____
_____	_____	_____	_____
_____	_____	_____	_____

"It takes as much energy to wish as it does to plan."

MONEY, MONEY, MONEY
WHERE MY CASH FOOL?

"Bitch betta have my Money, Rain, Sleet or Snow...
Bitch betta have my cash, or I'ma put my foot straight up they Ass!"

WHO OWE ME MONEY?	HOW MUCH?	WHEN?	WERK ASS EXCUSES?	NOTES
O:_____	O:_____	S:_____	☐Died ☐Bid ☐Broke ☐5150 ☐Fiend ☐Punk	☐Workable ☐Issues...
N:_____	B:_____	E:_____		

?:_____

_____

_____

PAYMENTS RECEIVED

AMOUNT	DATE	BALANCE	NOTES
_____	_____	_____	_____
_____	_____	_____	_____
_____	_____	_____	_____
_____	_____	_____	_____
_____	_____	_____	_____
_____	_____	_____	_____
_____	_____	_____	_____
_____	_____	_____	_____
_____	_____	_____	_____
_____	_____	_____	_____

"If you're going through hell, keep going."

WHO OWE ME MONEY?	HOW MUCH?	WHEN?	WERK ASS EXCUSES?	NOTES
O:_____	O:_____	S:_____	☐Died ☐Bid ☐Broke ☐5150 ☐Fiend ☐Punk	☐Workable ☐Issues...
N:_____	B:_____	E:_____		

?:_____

_____

_____

PAYMENTS RECEIVED

AMOUNT	DATE	BALANCE	NOTES
_____	_____	_____	_____
_____	_____	_____	_____
_____	_____	_____	_____
_____	_____	_____	_____
_____	_____	_____	_____
_____	_____	_____	_____
_____	_____	_____	_____
_____	_____	_____	_____
_____	_____	_____	_____

"The man on top of the mountain didn't fall there."

MONEY, MONEY, MONEY
WHERE MY CASH FOOL?

"Bitch betta have my Money, Rain, Sleet or Snow...
Bitch betta have my cash, or I'ma put my foot straight up they Ass!"

WHO OWE ME MONEY?	HOW MUCH?	WHEN?	WEAK ASS EXCUSES?	NOTES
_____	D: _____	S: _____	☐Died ☐Bid ☐Broke	☐Workable
_____	B: _____	E: _____	☐5150 ☐Fiend ☐Punk	☐Issues...

_____
_____

PAYMENTS RECEIVED

AMOUNT	DATE	BALANCE	NOTES
___	___	___	_____
___	___	___	_____
___	___	___	_____
___	___	___	_____
___	___	___	_____
___	___	___	_____
___	___	___	_____
___	___	___	_____
___	___	___	_____
___	___	___	_____

"The successful warrior is the average man, with laser-like focus."

WHO OWE ME MONEY?	HOW MUCH?	WHEN?	WEAK ASS EXCUSES?	NOTES
_____	D: _____	S: _____	☐Died ☐Bid ☐Broke	☐Workable
_____	B: _____	E: _____	☐5150 ☐Fiend ☐Punk	☐Issues...

_____
_____

PAYMENTS RECEIVED

AMOUNT	DATE	BALANCE	NOTES
___	___	___	_____
___	___	___	_____
___	___	___	_____
___	___	___	_____
___	___	___	_____
___	___	___	_____
___	___	___	_____
___	___	___	_____
___	___	___	_____
___	___	___	_____

"If plan A fails, remember there are 25 more letters."

MONEY, MONEY, MONEY
WHERE MY CASH FOOL?

"Bitch betta have my Money, Rain, Sleet or Snow...
Bitch betta have my cash, or I'ma put my foot straight up they Ass!

WHO OWE ME MONEY?	HOW MUCH?	WHEN?	WEAK ASS EXCUSES?	NOTES
O:_____	O:_____	S:_____	☐Died ☐Bid ☐Broke	☐Workab
N:_____	B:_____	E:_____	☐5150 ☐Fiend ☐Punk	☐Issues.

?:_____

_____
_____

PAYMENTS RECEIVED

AMOUNT	DATE	BALANCE	NOTES
_____	_____	_____	_____
_____	_____	_____	_____
_____	_____	_____	_____
_____	_____	_____	_____
_____	_____	_____	_____
_____	_____	_____	_____
_____	_____	_____	_____
_____	_____	_____	_____
_____	_____	_____	_____

"My entire life can be summed up in four words: I hustled. I conquered."

WHO OWE ME MONEY?	HOW MUCH?	WHEN?	WEAK ASS EXCUSES?	NOTES
O:_____	O:_____	S:_____	☐Died ☐Bid ☐Broke	☐Workab
N:_____	B:_____	E:_____	☐5150 ☐Fiend ☐Punk	☐Issues.

?:_____

_____
_____

PAYMENTS RECEIVED

AMOUNT	DATE	BALANCE	NOTES
_____	_____	_____	_____
_____	_____	_____	_____
_____	_____	_____	_____
_____	_____	_____	_____
_____	_____	_____	_____
_____	_____	_____	_____
_____	_____	_____	_____
_____	_____	_____	_____
_____	_____	_____	_____

"Hustle in silence and let your success make the noise."

MONEY, MONEY, MONEY
WHERE MY CASH FOOL?

"Bitch betta have my Money, Rain, Sleet or Snow...
Bitch betta have my cash, or I'ma put my foot straight up they Ass!"

WHO OWE ME MONEY?	HOW MUCH?	WHEN?	WEAK ASS EXCUSES?	NOTES
O:_____	O:_____	S:_____	☐Died ☐Bid ☐Broke	☐Workable
N:_____	B:_____	E:_____	☐5150 ☐Fiend ☐Punk	☐Issues...

?:_____
_____
_____
_____

PAYMENTS RECEIVED

AMOUNT	DATE	BALANCE	NOTES
_____	_____	_____	_____
_____	_____	_____	_____
_____	_____	_____	_____
_____	_____	_____	_____
_____	_____	_____	_____
_____	_____	_____	_____
_____	_____	_____	_____
_____	_____	_____	_____
_____	_____	_____	_____
_____	_____	_____	_____

"The best revenge is massive success."

WHO OWE ME MONEY?	HOW MUCH?	WHEN?	WEAK ASS EXCUSES?	NOTES
O:_____	O:_____	S:_____	☐Died ☐Bid ☐Broke	☐Workable
N:_____	B:_____	E:_____	☐5150 ☐Fiend ☐Punk	☐Issues...

?:_____
_____
_____
_____

PAYMENTS RECEIVED

AMOUNT	DATE	BALANCE	NOTES
_____	_____	_____	_____
_____	_____	_____	_____
_____	_____	_____	_____
_____	_____	_____	_____
_____	_____	_____	_____
_____	_____	_____	_____
_____	_____	_____	_____
_____	_____	_____	_____
_____	_____	_____	_____
_____	_____	_____	_____

"Keep it real... or keep it moving."

MONEY, MONEY, MONEY
WHERE MY CASH FOOL?

"Bitch betta have my Money, Rain, Sleet or Snow...
Bitch betta have my cash, or I'ma put my foot straight up they Ass!"

I GOT SOME MUTHA FUCKING DOUGH FOR: _____

AMOUNT	DATE	BALANCE	NOTES

MONEY, MONEY, MONEY
WHERE MY CASH FOOL?

"Bitch betta have my Money, Rain, Sleet or Snow...
Bitch betta have my cash, or I'ma put my foot straight up they Ass!"

I GOT SOME MUTHA FUCKING DOUGH FOR: _____

AMOUNT	DATE	BALANCE	NOTES

MONEY, MONEY, MONEY
WHERE MY CASH FOOL?

"Bitch betta have my Money, Rain, Sleet or Snow...
Bitch betta have my cash, or I'ma put my foot straight up they Ass!"

I GOT SOME MUTHA FUCKING DOUGH FOR: _____

AMOUNT	DATE	BALANCE	NOTES

ONEY, MONEY, MONEY
HERE MY CASH FOOL?

"Bitch betta have my Money, Rain, Sleet or Snow...

Bitch betta have my cash, or I'ma put my foot straight up they Ass!"

GOT SOME MUTHA FUCKING DOUGH FOR: _____

NUNT	DATE	BALANCE	NOTES

MONEY, MONEY, MONEY
WHERE MY CASH FOOL?

"Bitch betta have my Money, Rain, Sleet or Snow...
Bitch betta have my cash, or I'ma put my foot straight up they Ass!

I GOT SOME MUTHA FUCKING DOUGH FOR: _____

AMOUNT	DATE	BALANCE	NOTES

MONEY, MONEY, MONEY
WHERE MY CASH FOOL?

"Bitch betta have my Money, Rain, Sleet or Snow...
Bitch betta have my cash, or I'ma put my foot straight up they Ass!"

I GOT SOME MUTHA FUCKING DOUGH FOR: _____

AMOUNT	DATE	BALANCE	NOTES

MONEY, MONEY, MONEY
WHERE MY CASH FOOL?

"Bitch betta have my Money, Rain, Sleet or Snow...
Bitch betta have my cash, or I'ma put my foot straight up they Ass!"

I GOT SOME MUTHA FUCKING DOUGH FOR:_____

AMOUNT	DATE	BALANCE	NOTES

MONEY, MONEY, MONEY
WHERE MY CASH FOOL?

"Bitch betta have my Money, Rain, Sleet or Snow...
Bitch betta have my cash, or I'ma put my foot straight up they Ass!"

I GOT SOME MUTHA FUCKING DOUGH FOR: _____

AMOUNT	DATE	BALANCE	NOTES

MONEY, MONEY, MONEY
WHERE MY CASH FOOL?

"Bitch betta have my Money, Rain, Sleet or Snow...
Bitch betta have my cash, or I'ma put my foot straight up they Ass!"

I GOT SOME MUTHA FUCKING DOUGH FOR:_____

AMOUNT	DATE	BALANCE	NOTES

MONEY, MONEY, MONEY
WHERE MY CASH FOOL?

"Bitch betta have my Money, Rain, Sleet or Snow...
Bitch betta have my cash, or I'ma put my foot straight up they Ass!"

GOT SOME MUTHA FUCKING DOUGH FOR:_____

AMOUNT	DATE	BALANCE	NOTES

MONEY, MONEY, MONEY
WHERE MY CASH FOOL?

"Bitch betta have my Money, Rain, Sleet or Snow...
Bitch betta have my cash, or I'ma put my foot straight up they Ass!"

PAY ME BITCH!: _____

AMOUNT	DUE DATE	FOR WHAT?	WHO? AND NOTES...	PAID YOU?	FUCK EM UP?	WHY NOT?
				☐Yeah ☐No	☐Yeah ☐No	
				☐Yeah ☐No	☐Yeah ☐No	
				☐Yeah ☐No	☐Yeah ☐No	
				☐Yeah ☐No	☐Yeah ☐No	
				☐Yeah ☐No	☐Yeah ☐No	
				☐Yeah ☐No	☐Yeah ☐No	
				☐Yeah ☐No	☐Yeah ☐No	
				☐Yeah ☐No	☐Yeah ☐No	
				☐Yeah ☐No	☐Yeah ☐No	
				☐Yeah ☐No	☐Yeah ☐No	
				☐Yeah ☐No	☐Yeah ☐No	
				☐Yeah ☐No	☐Yeah ☐No	
				☐Yeah ☐No	☐Yeah ☐No	
				☐Yeah ☐No	☐Yeah ☐No	
				☐Yeah ☐No	☐Yeah ☐No	
				☐Yeah ☐No	☐Yeah ☐No	
				☐Yeah ☐No	☐Yeah ☐No	
				☐Yeah ☐No	☐Yeah ☐No	
				☐Yeah ☐No	☐Yeah ☐No	
				☐Yeah ☐No	☐Yeah ☐No	
				☐Yeah ☐No	☐Yeah ☐No	
				☐Yeah ☐No	☐Yeah ☐No	
				☐Yeah ☐No	☐Yeah ☐No	
				☐Yeah ☐No	☐Yeah ☐No	
				☐Yeah ☐No	☐Yeah ☐No	
				☐Yeah ☐No	☐Yeah ☐No	
				☐Yeah ☐No	☐Yeah ☐No	
				☐Yeah ☐No	☐Yeah ☐No	
				☐Yeah ☐No	☐Yeah ☐No	
				☐Yeah ☐No	☐Yeah ☐No	
				☐Yeah ☐No	☐Yeah ☐No	
				☐Yeah ☐No	☐Yeah ☐No	
				☐Yeah ☐No	☐Yeah ☐No	
				☐Yeah ☐No	☐Yeah ☐No	
				☐Yeah ☐No	☐Yeah ☐No	
				☐Yeah ☐No	☐Yeah ☐No	
				☐Yeah ☐No	☐Yeah ☐No	
				☐Yeah ☐No	☐Yeah ☐No	
				☐Yeah ☐No	☐Yeah ☐No	
				☐Yeah ☐No	☐Yeah ☐No	
				☐Yeah ☐No	☐Yeah ☐No	
				☐Yeah ☐No	☐Yeah ☐No	
				☐Yeah ☐No	☐Yeah ☐No	
				☐Yeah ☐No	☐Yeah ☐No	
				☐Yeah ☐No	☐Yeah ☐No	
				☐Yeah ☐No	☐Yeah ☐No	
				☐Yeah ☐No	☐Yeah ☐No	

MONEY, MONEY, MONEY
WHERE MY CASH FOOL?

"Bitch betta have my Money, Rain, Sleet or Snow...
Bitch betta have my cash, or I'ma put my foot straight up they Ass!"

PRY ME BITCH!: _____

AMOUNT	DUE DATE	FOR WHAT?	WHO? AND NOTES...	PAID YOU?	FUCK EM UP?	WHY NOT?
				☐Yeah ☐No	☐Yeah ☐No	
				☐Yeah ☐No	☐Yeah ☐No	
				☐Yeah ☐No	☐Yeah ☐No	
				☐Yeah ☐No	☐Yeah ☐No	
				☐Yeah ☐No	☐Yeah ☐No	
				☐Yeah ☐No	☐Yeah ☐No	
				☐Yeah ☐No	☐Yeah ☐No	
				☐Yeah ☐No	☐Yeah ☐No	
				☐Yeah ☐No	☐Yeah ☐No	
				☐Yeah ☐No	☐Yeah ☐No	
				☐Yeah ☐No	☐Yeah ☐No	
				☐Yeah ☐No	☐Yeah ☐No	
				☐Yeah ☐No	☐Yeah ☐No	
				☐Yeah ☐No	☐Yeah ☐No	
				☐Yeah ☐No	☐Yeah ☐No	
				☐Yeah ☐No	☐Yeah ☐No	
				☐Yeah ☐No	☐Yeah ☐No	
				☐Yeah ☐No	☐Yeah ☐No	
				☐Yeah ☐No	☐Yeah ☐No	
				☐Yeah ☐No	☐Yeah ☐No	
				☐Yeah ☐No	☐Yeah ☐No	
				☐Yeah ☐No	☐Yeah ☐No	
				☐Yeah ☐No	☐Yeah ☐No	
				☐Yeah ☐No	☐Yeah ☐No	
				☐Yeah ☐No	☐Yeah ☐No	
				☐Yeah ☐No	☐Yeah ☐No	
				☐Yeah ☐No	☐Yeah ☐No	
				☐Yeah ☐No	☐Yeah ☐No	
				☐Yeah ☐No	☐Yeah ☐No	
				☐Yeah ☐No	☐Yeah ☐No	
				☐Yeah ☐No	☐Yeah ☐No	
				☐Yeah ☐No	☐Yeah ☐No	
				☐Yeah ☐No	☐Yeah ☐No	
				☐Yeah ☐No	☐Yeah ☐No	
				☐Yeah ☐No	☐Yeah ☐No	
				☐Yeah ☐No	☐Yeah ☐No	
				☐Yeah ☐No	☐Yeah ☐No	
				☐Yeah ☐No	☐Yeah ☐No	
				☐Yeah ☐No	☐Yeah ☐No	
				☐Yeah ☐No	☐Yeah ☐No	
				☐Yeah ☐No	☐Yeah ☐No	
				☐Yeah ☐No	☐Yeah ☐No	
				☐Yeah ☐No	☐Yeah ☐No	
				☐Yeah ☐No	☐Yeah ☐No	
				☐Yeah ☐No	☐Yeah ☐No	
				☐Yeah ☐No	☐Yeah ☐No	
				☐Yeah ☐No	☐Yeah ☐No	
				☐Yeah ☐No	☐Yeah ☐No	

MONEY, MONEY, MONEY
WHERE MY CASH FOOL?

"Bitch betta have my Money, Rain, Sleet or Snow...
Bitch betta have my cash, or I'ma put my foot straight up they Ass!"

PAY ME BITCH!: _____

AMOUNT	DUE DATE	FOR WHAT?	WHO? AND NOTES...	PAID YOU?	FUCK EM UP?	WHY NOT?
				☐Yeah ☐No	☐Yeah ☐No	
				☐Yeah ☐No	☐Yeah ☐No	
				☐Yeah ☐No	☐Yeah ☐No	
				☐Yeah ☐No	☐Yeah ☐No	
				☐Yeah ☐No	☐Yeah ☐No	
				☐Yeah ☐No	☐Yeah ☐No	
				☐Yeah ☐No	☐Yeah ☐No	
				☐Yeah ☐No	☐Yeah ☐No	
				☐Yeah ☐No	☐Yeah ☐No	
				☐Yeah ☐No	☐Yeah ☐No	
				☐Yeah ☐No	☐Yeah ☐No	
				☐Yeah ☐No	☐Yeah ☐No	
				☐Yeah ☐No	☐Yeah ☐No	
				☐Yeah ☐No	☐Yeah ☐No	
				☐Yeah ☐No	☐Yeah ☐No	
				☐Yeah ☐No	☐Yeah ☐No	
				☐Yeah ☐No	☐Yeah ☐No	
				☐Yeah ☐No	☐Yeah ☐No	
				☐Yeah ☐No	☐Yeah ☐No	
				☐Yeah ☐No	☐Yeah ☐No	
				☐Yeah ☐No	☐Yeah ☐No	
				☐Yeah ☐No	☐Yeah ☐No	
				☐Yeah ☐No	☐Yeah ☐No	
				☐Yeah ☐No	☐Yeah ☐No	
				☐Yeah ☐No	☐Yeah ☐No	
				☐Yeah ☐No	☐Yeah ☐No	
				☐Yeah ☐No	☐Yeah ☐No	
				☐Yeah ☐No	☐Yeah ☐No	
				☐Yeah ☐No	☐Yeah ☐No	
				☐Yeah ☐No	☐Yeah ☐No	
				☐Yeah ☐No	☐Yeah ☐No	
				☐Yeah ☐No	☐Yeah ☐No	
				☐Yeah ☐No	☐Yeah ☐No	
				☐Yeah ☐No	☐Yeah ☐No	
				☐Yeah ☐No	☐Yeah ☐No	
				☐Yeah ☐No	☐Yeah ☐No	
				☐Yeah ☐No	☐Yeah ☐No	
				☐Yeah ☐No	☐Yeah ☐No	
				☐Yeah ☐No	☐Yeah ☐No	
				☐Yeah ☐No	☐Yeah ☐No	
				☐Yeah ☐No	☐Yeah ☐No	
				☐Yeah ☐No	☐Yeah ☐No	
				☐Yeah ☐No	☐Yeah ☐No	
				☐Yeah ☐No	☐Yeah ☐No	
				☐Yeah ☐No	☐Yeah ☐No	
				☐Yeah ☐No	☐Yeah ☐No	

MONEY, MONEY, MONEY
WHERE MY CASH FOOL?

"Bitch betta have my Money, Rain, Sleet or Snow...
Bitch betta have my cash, or I'ma put my foot straight up they Ass!"

PAY ME BITCH!: _____

AMOUNT	DUE DATE	FOR WHAT?	WHO? AND NOTES...	PAID YOU?	FUCK EM UP?	WHY NOT?
				☐Yeah ☐No	☐Yeah ☐No	
				☐Yeah ☐No	☐Yeah ☐No	
				☐Yeah ☐No	☐Yeah ☐No	
				☐Yeah ☐No	☐Yeah ☐No	
				☐Yeah ☐No	☐Yeah ☐No	
				☐Yeah ☐No	☐Yeah ☐No	
				☐Yeah ☐No	☐Yeah ☐No	
				☐Yeah ☐No	☐Yeah ☐No	
				☐Yeah ☐No	☐Yeah ☐No	
				☐Yeah ☐No	☐Yeah ☐No	
				☐Yeah ☐No	☐Yeah ☐No	
				☐Yeah ☐No	☐Yeah ☐No	
				☐Yeah ☐No	☐Yeah ☐No	
				☐Yeah ☐No	☐Yeah ☐No	
				☐Yeah ☐No	☐Yeah ☐No	
				☐Yeah ☐No	☐Yeah ☐No	
				☐Yeah ☐No	☐Yeah ☐No	
				☐Yeah ☐No	☐Yeah ☐No	
				☐Yeah ☐No	☐Yeah ☐No	
				☐Yeah ☐No	☐Yeah ☐No	
				☐Yeah ☐No	☐Yeah ☐No	
				☐Yeah ☐No	☐Yeah ☐No	
				☐Yeah ☐No	☐Yeah ☐No	
				☐Yeah ☐No	☐Yeah ☐No	
				☐Yeah ☐No	☐Yeah ☐No	
				☐Yeah ☐No	☐Yeah ☐No	
				☐Yeah ☐No	☐Yeah ☐No	
				☐Yeah ☐No	☐Yeah ☐No	
				☐Yeah ☐No	☐Yeah ☐No	
				☐Yeah ☐No	☐Yeah ☐No	
				☐Yeah ☐No	☐Yeah ☐No	
				☐Yeah ☐No	☐Yeah ☐No	
				☐Yeah ☐No	☐Yeah ☐No	
				☐Yeah ☐No	☐Yeah ☐No	
				☐Yeah ☐No	☐Yeah ☐No	
				☐Yeah ☐No	☐Yeah ☐No	
				☐Yeah ☐No	☐Yeah ☐No	
				☐Yeah ☐No	☐Yeah ☐No	
				☐Yeah ☐No	☐Yeah ☐No	
				☐Yeah ☐No	☐Yeah ☐No	
				☐Yeah ☐No	☐Yeah ☐No	
				☐Yeah ☐No	☐Yeah ☐No	
				☐Yeah ☐No	☐Yeah ☐No	
				☐Yeah ☐No	☐Yeah ☐No	
				☐Yeah ☐No	☐Yeah ☐No	
				☐Yeah ☐No	☐Yeah ☐No	
				☐Yeah ☐No	☐Yeah ☐No	
				☐Yeah ☐No	☐Yeah ☐No	

MONEY, MONEY, MONEY
WHERE MY CASH FOOL?

"Bitch betta have my Money, Rain, Sleet or Snow...
Bitch betta have my cash, or I'ma put my foot straight up they Ass!"

PAY ME BITCH!:_____

AMOUNT	DUE DATE	FOR WHAT?	WHO? AND NOTES...	PAID YOU?	FUCK EM UP?	WHY NOT?
				☐Yeah ☐No	☐Yeah ☐No	
				☐Yeah ☐No	☐Yeah ☐No	
				☐Yeah ☐No	☐Yeah ☐No	
				☐Yeah ☐No	☐Yeah ☐No	
				☐Yeah ☐No	☐Yeah ☐No	
				☐Yeah ☐No	☐Yeah ☐No	
				☐Yeah ☐No	☐Yeah ☐No	
				☐Yeah ☐No	☐Yeah ☐No	
				☐Yeah ☐No	☐Yeah ☐No	
				☐Yeah ☐No	☐Yeah ☐No	
				☐Yeah ☐No	☐Yeah ☐No	
				☐Yeah ☐No	☐Yeah ☐No	
				☐Yeah ☐No	☐Yeah ☐No	
				☐Yeah ☐No	☐Yeah ☐No	
				☐Yeah ☐No	☐Yeah ☐No	
				☐Yeah ☐No	☐Yeah ☐No	
				☐Yeah ☐No	☐Yeah ☐No	
				☐Yeah ☐No	☐Yeah ☐No	
				☐Yeah ☐No	☐Yeah ☐No	
				☐Yeah ☐No	☐Yeah ☐No	
				☐Yeah ☐No	☐Yeah ☐No	
				☐Yeah ☐No	☐Yeah ☐No	
				☐Yeah ☐No	☐Yeah ☐No	
				☐Yeah ☐No	☐Yeah ☐No	
				☐Yeah ☐No	☐Yeah ☐No	
				☐Yeah ☐No	☐Yeah ☐No	
				☐Yeah ☐No	☐Yeah ☐No	
				☐Yeah ☐No	☐Yeah ☐No	
				☐Yeah ☐No	☐Yeah ☐No	
				☐Yeah ☐No	☐Yeah ☐No	
				☐Yeah ☐No	☐Yeah ☐No	
				☐Yeah ☐No	☐Yeah ☐No	
				☐Yeah ☐No	☐Yeah ☐No	
				☐Yeah ☐No	☐Yeah ☐No	
				☐Yeah ☐No	☐Yeah ☐No	
				☐Yeah ☐No	☐Yeah ☐No	
				☐Yeah ☐No	☐Yeah ☐No	
				☐Yeah ☐No	☐Yeah ☐No	
				☐Yeah ☐No	☐Yeah ☐No	
				☐Yeah ☐No	☐Yeah ☐No	
				☐Yeah ☐No	☐Yeah ☐No	
				☐Yeah ☐No	☐Yeah ☐No	
				☐Yeah ☐No	☐Yeah ☐No	

"Bitch betta have my Money, Rain, Sleet or Snow...
Bitch betta have my cash, or I'ma put my foot straight up they Ass!"

Y ME BITCH!!:_____

OUNT	DUE DATE	FOR WHAT?	WHO? AND NOTES...	PAID YOU?	FUCK EM UP?	WHY NOT?
				☐Yeah ☐No	☐Yeah ☐No	
				☐Yeah ☐No	☐Yeah ☐No	
				☐Yeah ☐No	☐Yeah ☐No	
				☐Yeah ☐No	☐Yeah ☐No	
				☐Yeah ☐No	☐Yeah ☐No	
				☐Yeah ☐No	☐Yeah ☐No	
				☐Yeah ☐No	☐Yeah ☐No	
				☐Yeah ☐No	☐Yeah ☐No	
				☐Yeah ☐No	☐Yeah ☐No	
				☐Yeah ☐No	☐Yeah ☐No	
				☐Yeah ☐No	☐Yeah ☐No	
				☐Yeah ☐No	☐Yeah ☐No	
				☐Yeah ☐No	☐Yeah ☐No	
				☐Yeah ☐No	☐Yeah ☐No	
				☐Yeah ☐No	☐Yeah ☐No	
				☐Yeah ☐No	☐Yeah ☐No	
				☐Yeah ☐No	☐Yeah ☐No	
				☐Yeah ☐No	☐Yeah ☐No	
				☐Yeah ☐No	☐Yeah ☐No	
				☐Yeah ☐No	☐Yeah ☐No	
				☐Yeah ☐No	☐Yeah ☐No	
				☐Yeah ☐No	☐Yeah ☐No	
				☐Yeah ☐No	☐Yeah ☐No	
				☐Yeah ☐No	☐Yeah ☐No	
				☐Yeah ☐No	☐Yeah ☐No	
				☐Yeah ☐No	☐Yeah ☐No	
				☐Yeah ☐No	☐Yeah ☐No	
				☐Yeah ☐No	☐Yeah ☐No	
				☐Yeah ☐No	☐Yeah ☐No	
				☐Yeah ☐No	☐Yeah ☐No	
				☐Yeah ☐No	☐Yeah ☐No	
				☐Yeah ☐No	☐Yeah ☐No	
				☐Yeah ☐No	☐Yeah ☐No	
				☐Yeah ☐No	☐Yeah ☐No	
				☐Yeah ☐No	☐Yeah ☐No	
				☐Yeah ☐No	☐Yeah ☐No	
				☐Yeah ☐No	☐Yeah ☐No	
				☐Yeah ☐No	☐Yeah ☐No	
				☐Yeah ☐No	☐Yeah ☐No	
				☐Yeah ☐No	☐Yeah ☐No	
				☐Yeah ☐No	☐Yeah ☐No	
				☐Yeah ☐No	☐Yeah ☐No	
				☐Yeah ☐No	☐Yeah ☐No	
				☐Yeah ☐No	☐Yeah ☐No	
				☐Yeah ☐No	☐Yeah ☐No	
				☐Yeah ☐No	☐Yeah ☐No	
				☐Yeah ☐No	☐Yeah ☐No	
				☐Yeah ☐No	☐Yeah ☐No	

MONEY, MONEY, MONEY
WHERE MY CASH FOOL?

"Bitch betta have my Money, Rain, Sleet or Snow...
Bitch betta have my cash, or I'ma put my foot straight up they Ass!

PAY ME BITCH!: _____

AMOUNT	DUE DATE	FOR WHAT?	WHO? AND NOTES...	PAID YOU?	FUCK EM UP?	WHY NOT?
				☐Yeah ☐No	☐Yeah ☐No	
				☐Yeah ☐No	☐Yeah ☐No	
				☐Yeah ☐No	☐Yeah ☐No	
				☐Yeah ☐No	☐Yeah ☐No	
				☐Yeah ☐No	☐Yeah ☐No	
				☐Yeah ☐No	☐Yeah ☐No	
				☐Yeah ☐No	☐Yeah ☐No	
				☐Yeah ☐No	☐Yeah ☐No	
				☐Yeah ☐No	☐Yeah ☐No	
				☐Yeah ☐No	☐Yeah ☐No	
				☐Yeah ☐No	☐Yeah ☐No	
				☐Yeah ☐No	☐Yeah ☐No	
				☐Yeah ☐No	☐Yeah ☐No	
				☐Yeah ☐No	☐Yeah ☐No	
				☐Yeah ☐No	☐Yeah ☐No	
				☐Yeah ☐No	☐Yeah ☐No	
				☐Yeah ☐No	☐Yeah ☐No	
				☐Yeah ☐No	☐Yeah ☐No	
				☐Yeah ☐No	☐Yeah ☐No	
				☐Yeah ☐No	☐Yeah ☐No	
				☐Yeah ☐No	☐Yeah ☐No	
				☐Yeah ☐No	☐Yeah ☐No	
				☐Yeah ☐No	☐Yeah ☐No	
				☐Yeah ☐No	☐Yeah ☐No	
				☐Yeah ☐No	☐Yeah ☐No	
				☐Yeah ☐No	☐Yeah ☐No	
				☐Yeah ☐No	☐Yeah ☐No	
				☐Yeah ☐No	☐Yeah ☐No	
				☐Yeah ☐No	☐Yeah ☐No	
				☐Yeah ☐No	☐Yeah ☐No	
				☐Yeah ☐No	☐Yeah ☐No	
				☐Yeah ☐No	☐Yeah ☐No	
				☐Yeah ☐No	☐Yeah ☐No	
				☐Yeah ☐No	☐Yeah ☐No	
				☐Yeah ☐No	☐Yeah ☐No	
				☐Yeah ☐No	☐Yeah ☐No	
				☐Yeah ☐No	☐Yeah ☐No	
				☐Yeah ☐No	☐Yeah ☐No	
				☐Yeah ☐No	☐Yeah ☐No	
				☐Yeah ☐No	☐Yeah ☐No	
				☐Yeah ☐No	☐Yeah ☐No	
				☐Yeah ☐No	☐Yeah ☐No	
				☐Yeah ☐No	☐Yeah ☐No	

MONEY, MONEY, MONEY
WHERE MY CASH FOOL?

"Bitch betta have my Money, Rain, Sleet or Snow...
Bitch betta have my cash, or I'ma put my foot straight up they Ass!"

PAY ME BITCH!: _____

AMOUNT	DUE DATE	FOR WHAT?	WHO? AND NOTES...	PAID YOU?	FUCK EM UP?	WHY NOT?
				☐Yeah ☐No	☐Yeah ☐No	
				☐Yeah ☐No	☐Yeah ☐No	
				☐Yeah ☐No	☐Yeah ☐No	
				☐Yeah ☐No	☐Yeah ☐No	
				☐Yeah ☐No	☐Yeah ☐No	
				☐Yeah ☐No	☐Yeah ☐No	
				☐Yeah ☐No	☐Yeah ☐No	
				☐Yeah ☐No	☐Yeah ☐No	
				☐Yeah ☐No	☐Yeah ☐No	
				☐Yeah ☐No	☐Yeah ☐No	
				☐Yeah ☐No	☐Yeah ☐No	
				☐Yeah ☐No	☐Yeah ☐No	
				☐Yeah ☐No	☐Yeah ☐No	
				☐Yeah ☐No	☐Yeah ☐No	
				☐Yeah ☐No	☐Yeah ☐No	
				☐Yeah ☐No	☐Yeah ☐No	
				☐Yeah ☐No	☐Yeah ☐No	
				☐Yeah ☐No	☐Yeah ☐No	
				☐Yeah ☐No	☐Yeah ☐No	
				☐Yeah ☐No	☐Yeah ☐No	
				☐Yeah ☐No	☐Yeah ☐No	
				☐Yeah ☐No	☐Yeah ☐No	
				☐Yeah ☐No	☐Yeah ☐No	
				☐Yeah ☐No	☐Yeah ☐No	
				☐Yeah ☐No	☐Yeah ☐No	
				☐Yeah ☐No	☐Yeah ☐No	
				☐Yeah ☐No	☐Yeah ☐No	
				☐Yeah ☐No	☐Yeah ☐No	
				☐Yeah ☐No	☐Yeah ☐No	
				☐Yeah ☐No	☐Yeah ☐No	
				☐Yeah ☐No	☐Yeah ☐No	
				☐Yeah ☐No	☐Yeah ☐No	
				☐Yeah ☐No	☐Yeah ☐No	
				☐Yeah ☐No	☐Yeah ☐No	
				☐Yeah ☐No	☐Yeah ☐No	
				☐Yeah ☐No	☐Yeah ☐No	
				☐Yeah ☐No	☐Yeah ☐No	
				☐Yeah ☐No	☐Yeah ☐No	
				☐Yeah ☐No	☐Yeah ☐No	
				☐Yeah ☐No	☐Yeah ☐No	
				☐Yeah ☐No	☐Yeah ☐No	
				☐Yeah ☐No	☐Yeah ☐No	
				☐Yeah ☐No	☐Yeah ☐No	
				☐Yeah ☐No	☐Yeah ☐No	
				☐Yeah ☐No	☐Yeah ☐No	
				☐Yeah ☐No	☐Yeah ☐No	

MONEY, MONEY, MONEY
WHERE MY CASH FOOL?

"Bitch betta have my Money, Rain, Sleet or Snow...
Bitch betta have my cash, or I'ma put my foot straight up they Ass!"

PAY ME BITCH!: _____

AMOUNT	DUE DATE	FOR WHAT?	WHO? AND NOTES...	PAID YOU?	FUCK EM UP?	WHY NOT?
				☐Yeah ☐No	☐Yeah ☐No	
				☐Yeah ☐No	☐Yeah ☐No	
				☐Yeah ☐No	☐Yeah ☐No	
				☐Yeah ☐No	☐Yeah ☐No	
				☐Yeah ☐No	☐Yeah ☐No	
				☐Yeah ☐No	☐Yeah ☐No	
				☐Yeah ☐No	☐Yeah ☐No	
				☐Yeah ☐No	☐Yeah ☐No	
				☐Yeah ☐No	☐Yeah ☐No	
				☐Yeah ☐No	☐Yeah ☐No	
				☐Yeah ☐No	☐Yeah ☐No	
				☐Yeah ☐No	☐Yeah ☐No	
				☐Yeah ☐No	☐Yeah ☐No	
				☐Yeah ☐No	☐Yeah ☐No	
				☐Yeah ☐No	☐Yeah ☐No	
				☐Yeah ☐No	☐Yeah ☐No	
				☐Yeah ☐No	☐Yeah ☐No	
				☐Yeah ☐No	☐Yeah ☐No	
				☐Yeah ☐No	☐Yeah ☐No	
				☐Yeah ☐No	☐Yeah ☐No	
				☐Yeah ☐No	☐Yeah ☐No	
				☐Yeah ☐No	☐Yeah ☐No	
				☐Yeah ☐No	☐Yeah ☐No	
				☐Yeah ☐No	☐Yeah ☐No	
				☐Yeah ☐No	☐Yeah ☐No	
				☐Yeah ☐No	☐Yeah ☐No	
				☐Yeah ☐No	☐Yeah ☐No	
				☐Yeah ☐No	☐Yeah ☐No	
				☐Yeah ☐No	☐Yeah ☐No	
				☐Yeah ☐No	☐Yeah ☐No	
				☐Yeah ☐No	☐Yeah ☐No	
				☐Yeah ☐No	☐Yeah ☐No	
				☐Yeah ☐No	☐Yeah ☐No	
				☐Yeah ☐No	☐Yeah ☐No	
				☐Yeah ☐No	☐Yeah ☐No	
				☐Yeah ☐No	☐Yeah ☐No	
				☐Yeah ☐No	☐Yeah ☐No	
				☐Yeah ☐No	☐Yeah ☐No	
				☐Yeah ☐No	☐Yeah ☐No	
				☐Yeah ☐No	☐Yeah ☐No	
				☐Yeah ☐No	☐Yeah ☐No	
				☐Yeah ☐No	☐Yeah ☐No	
				☐Yeah ☐No	☐Yeah ☐No	
				☐Yeah ☐No	☐Yeah ☐No	

MONEY, MONEY, MONEY
WHERE MY CASH FOOL?

"Bitch betta have my Money, Rain, Sleet or Snow...
Bitch betta have my cash, or I'ma put my foot straight up they Ass!"

PAY ME BITCH!: _____

AMOUNT	DUE DATE	FOR WHAT?	WHO? AND NOTES...	PAID YOU?	FUCK EM UP?	WHY NOT?
				☐Yeah ☐No	☐Yeah ☐No	
				☐Yeah ☐No	☐Yeah ☐No	
				☐Yeah ☐No	☐Yeah ☐No	
				☐Yeah ☐No	☐Yeah ☐No	
				☐Yeah ☐No	☐Yeah ☐No	
				☐Yeah ☐No	☐Yeah ☐No	
				☐Yeah ☐No	☐Yeah ☐No	
				☐Yeah ☐No	☐Yeah ☐No	
				☐Yeah ☐No	☐Yeah ☐No	
				☐Yeah ☐No	☐Yeah ☐No	
				☐Yeah ☐No	☐Yeah ☐No	
				☐Yeah ☐No	☐Yeah ☐No	
				☐Yeah ☐No	☐Yeah ☐No	
				☐Yeah ☐No	☐Yeah ☐No	
				☐Yeah ☐No	☐Yeah ☐No	
				☐Yeah ☐No	☐Yeah ☐No	
				☐Yeah ☐No	☐Yeah ☐No	
				☐Yeah ☐No	☐Yeah ☐No	
				☐Yeah ☐No	☐Yeah ☐No	
				☐Yeah ☐No	☐Yeah ☐No	
				☐Yeah ☐No	☐Yeah ☐No	
				☐Yeah ☐No	☐Yeah ☐No	
				☐Yeah ☐No	☐Yeah ☐No	
				☐Yeah ☐No	☐Yeah ☐No	
				☐Yeah ☐No	☐Yeah ☐No	
				☐Yeah ☐No	☐Yeah ☐No	
				☐Yeah ☐No	☐Yeah ☐No	
				☐Yeah ☐No	☐Yeah ☐No	
				☐Yeah ☐No	☐Yeah ☐No	
				☐Yeah ☐No	☐Yeah ☐No	
				☐Yeah ☐No	☐Yeah ☐No	
				☐Yeah ☐No	☐Yeah ☐No	
				☐Yeah ☐No	☐Yeah ☐No	
				☐Yeah ☐No	☐Yeah ☐No	
				☐Yeah ☐No	☐Yeah ☐No	
				☐Yeah ☐No	☐Yeah ☐No	
				☐Yeah ☐No	☐Yeah ☐No	
				☐Yeah ☐No	☐Yeah ☐No	
				☐Yeah ☐No	☐Yeah ☐No	
				☐Yeah ☐No	☐Yeah ☐No	
				☐Yeah ☐No	☐Yeah ☐No	
				☐Yeah ☐No	☐Yeah ☐No	
				☐Yeah ☐No	☐Yeah ☐No	
				☐Yeah ☐No	☐Yeah ☐No	
				☐Yeah ☐No	☐Yeah ☐No	
				☐Yeah ☐No	☐Yeah ☐No	
				☐Yeah ☐No	☐Yeah ☐No